Yann Leclerc

CHEESECAKES

MINI gourmands | SOLAR EDITIONS

Sommaire

Introduction 5
Les classiques 6
Les gourmands 10
Les fruités 29
Les salés 57

Introduction

Le cheesecake, c'est d'abord un concept : une base biscuitée, croustillante, surmontée d'une garniture au fromage frais, forcément crémeuse, forcément dense, forcément gourmande et savoureuse. Au-delà de ces éléments, laissez-vous aller : le monde vous appartient !

Communément présenté comme d'origine anglo-saxonne (c'est le gâteau américain par excellence, comme le trifle est le dessert anglais par essence), il puise en fait ses origines dans la tarte au fromage blanc alsacienne ou le rustique sernik, gâteau au fromage blanc polonais (dont vous trouverez la recette page 9).

C'est typiquement un gâteau de ménagère, et non de pâtissier : la base biscuitée est préparée à partir de biscuits du commerce, et toutes les proportions peuvent largement varier, à condition de respecter quelques bases...

Le cheesecake est cependant le gâteau le plus paradoxal du monde : une fois cuit, joliment enserré dans son moule, il est simplement irrésistible. Il vous faudra pourtant bien résister, car c'est un crime de déguster un cheesecake sans l'avoir laissé reposer au moins une nuit au réfrigérateur. Et même 24 heures à l'avance, pour une texture parfaite. Le meilleur moment du cheesecake, c'est un peu quand on attend pour le goûter...

Manhattan cheesecake

Pour 8 personnes

Préparation : 20 min

Cuisson : 1 h 05

Réfrigération : 20 min + 24 h

700 g de Philadelphia®

125 g de crème fraîche

110 g de beurre fondu

3 œufs entiers + 2 jaunes

Le zeste râpé de 1 citron non traité

250 g de spéculoos

150 g de sucre en poudre

1 cuill. à soupe de farine

½ cuill. à café d'extrait de vanille liquide

• Mettez les spéculoos dans le bol d'un mixeur, mixez quelques secondes et ajoutez le beurre fondu. Mixez à nouveau quelques secondes, puis versez dans un moule à charnière à bord haut, de 23 cm de diamètre environ. Pressez cette base biscuitée contre le fond et les parois du moule avec le fond d'un verre ou la paume de la main. Réservez 20 minutes au réfrigérateur.

• Pendant ce temps, préchauffez le four à 160 °C (th. 5-6). Dans une jatte, fouettez le Philadelphia® avec le sucre en poudre pour obtenir une préparation bien lisse. Incorporez le zeste râpé et l'extrait de vanille liquide, puis les œufs et les jaunes, un à un. Incorporez la farine, puis la crème fraîche.

• Versez cette préparation sur le fond biscuité et enfournez. Au bout de 15 minutes de cuisson, baissez la température du four à 120 °C (th. 4) et laissez cuire encore 50 minutes.

• Laissez refroidir dans le four éteint, puis réservez au réfrigérateur au moins 12 heures, idéalement 24 heures, avant de servir.

Manhattan Cheesecake

Sernik polonais

Pour 8 personnes
Préparation : 25 min
Cuisson : 50 min

500 g de fromage blanc en faisselle, égoutté
150 g de crème fraîche
7 œufs
50 g de beurre ramolli
Le zeste râpé de 1 citron non traité
125 g de gros raisins secs
100 g de farine
175 g de sucre en poudre
100 g de fécule de pommes de terre
5 cl de rhum

• Travaillez le beurre avec la farine et 50 g de sucre en poudre, puis incorporez 1 œuf. Tassez cette préparation au fond d'un moule à charnière à bord haut, de 23 cm de diamètre environ.

• Préchauffez le four à 180 °C (th. 6). Dans une jatte, travaillez le fromage blanc avec la crème fraîche, 60 g de sucre et le zeste de citron râpé. Cassez les œufs en séparant les jaunes des blancs, incorporez les jaunes un à un, puis la fécule de pommes de terre, en fouettant bien. Délayez avec le rhum.

• Montez les blancs d'œufs en neige, serrez-les avec le reste de sucre, puis incorporez-les dans la préparation précédente. Ajoutez les raisins secs et mélangez délicatement. Versez sur la pâte et enfournez pour 50 minutes. Laissez refroidir dans le four éteint. Servez le jour même ou le lendemain.

Cheesecake au chocolat

Pour 8 personnes

Préparation : 20 min

Cuisson : 1 h 10

Réfrigération : 20 min + 24 h

500 g de Philadelphia®

250 g de crème fraîche épaisse

100 g de beurre fondu

4 œufs

180 g de chocolat noir

250 g de spéculoos

2 cuill. à soupe de cacao amer en poudre

130 g de sucre en poudre

1 cuill. à soupe de farine

Pour le décor

Crème anglaise vanillée

- Réduisez les spéculoos en miettes, incorporez-leur le cacao et le beurre fondu. Pressez contre le fond et les parois d'un moule à charnière à bord haut, de 23 cm de diamètre environ. Réservez 20 minutes au réfrigérateur.
- Pendant ce temps, préchauffez le four à 160 °C (th. 5-6). Faites fondre le chocolat noir, puis laissez-le tiédir. Dans une jatte, fouettez le Philadelphia® avec le sucre en poudre pour obtenir une préparation bien lisse. Incorporez la crème fraîche, puis les œufs, un à un. Incorporez la farine, puis le chocolat fondu, en fouettant bien.
- Répartissez cette préparation sur le fond biscuité, puis enfournez. Au bout de 15 minutes de cuisson, baissez la température du four à 120 °C (th. 4) et laissez cuire encore 50 minutes. Laissez refroidir dans le four éteint, puis réservez 24 heures au réfrigérateur.
- Servez nappé d'une crème anglaise à la vanille, bien épaisse.

Petits cheesecakes sablés à la vanille Bourbon

Pour 6 personnes

Préparation : 25 min

Cuisson : 50 min

Réfrigération : 20 min + 24 h

Infusion : 20 min

400 g de Philadelphia®

250 g de mascarpone

10 cl de lait entier

90 g de beurre ramolli

4 œufs

3 gousses de vanille Bourbon

215 g de sucre en poudre

150 g de farine + 1 ½ cuill. à soupe

1 pincée de sel

Pour le décor

10 cl de coulis de framboises

• Travaillez le beurre avec 150 g de farine, 150 g de sucre et le sel, puis poudrez ce mélange entre vos paumes. Pressez cette pâte sablée contre le fond de 6 petits moules à charnière individuels. Réservez 20 minutes au réfrigérateur.

• Pendant ce temps, coupez les gousses de vanille en deux dans la longueur et grattez leurs graines. Mettez graines et gousses dans une casserole, ajoutez le lait et portez à frémissements. Coupez le feu et laissez infuser 20 minutes.

• Préchauffez le four à 160 °C (th. 5-6). Dans une jatte, fouettez le Philadelphia® avec le mascarpone et le reste de sucre pour obtenir une préparation bien lisse. Retirez les gousses de vanille du lait, puis incorporez celui-ci. Ajoutez les œufs, un à un, et enfin 1 ½ cuillerée à soupe de farine, en fouettant bien.

• Versez cette préparation sur les fonds biscuités, puis enfournez. Au bout de 15 minutes de cuisson, baissez la température du four à 120 °C (th. 4) et laissez cuire encore 30 minutes. Laissez refroidir dans le four éteint, puis réservez 24 heures au réfrigérateur.

• Servez nappé d'un fin cordon de coulis de framboises et décoré des gousses de vanille.

Petits cheesecakes bretons

Pour 8 personnes
Préparation : 20 min
Réfrigération : 20 min + 4 h

600 g de Philadelphia®
20 cl de crème liquide
60 g de beurre fondu
200 g de Roudor®
8 caramels mous au beurre salé
120 g de sucre en poudre
1 cuill. à soupe de farine
4 feuilles de gélatine

Pour le décor

Crème de Salidou®

• Réduisez les Roudor® en miettes, puis incorporez-leur le beurre fondu. Pressez cette préparation contre le fond de 8 cercles en métal individuels. Réservez 20 minutes au réfrigérateur.

• Pendant ce temps, faites tremper la gélatine dans un bol d'eau froide. Versez la crème liquide dans une casserole, ajoutez le sucre et portez à frémissements. Coupez le feu, faites-y dissoudre la gélatine égouttée, laissez tiédir.

• Travaillez le Philadelphia® à la spatule pour l'assouplir, puis incorporez-le à la préparation précédente. Taillez les caramels mous en petits dés, mélangez-les avec la farine pour bien les séparer, puis ajoutez-les à la préparation et mélangez délicatement.

• Versez dans les cercles et réservez au moins 4 heures au réfrigérateur. Déposez ensuite dans les assiettes de service, passez une pointe de couteau le long des parois des cercles, puis ôtez ceux-ci délicatement. Nappez d'un cordon de crème de Salidou®, coulis de caramel typiquement breton.

Petit + *Vous pouvez aussi préparer votre caramel avec 100 g de sucre en poudre et un peu d'eau, décuisez-le hors du feu avec 8 cl de crème liquide et incorporez 40 g de beurre salé. Remettez sur feu doux 3 minutes, puis laissez tiédir.*

Cheesecake au Nutella®

Pour 8 personnes
Préparation : 20 min
Cuisson : 1 h 10
Réfrigération : 20 min + 24 h

- 400 g de Philadelphia®
- 400 g de fromage blanc
- 60 g de beurre fondu
- 4 œufs
- 250 g de Nutella®
- 200 g de petits-beurre
- 130 g de sucre en poudre
- 1 cuill. à soupe de farine

Pour le décor

- 100 g de noisettes concassées

• Réduisez les petits-beurre en miettes, puis incorporez-leur le beurre fondu et 50 g environ de Nutella®. Mélangez pour obtenir une pâte homogène. Pressez-la contre le fond d'un moule à charnière à bord haut, de 23 cm de diamètre environ. Réservez 20 minutes au réfrigérateur.

• Pendant ce temps, préchauffez le four à 160 °C (th. 5-6). Dans une jatte, fouettez le Philadelphia® avec le sucre en poudre pour obtenir une préparation bien lisse. Incorporez le fromage blanc, puis les œufs, un à un.

• Incorporez enfin la farine, fouettez bien. Versez cette préparation sur le fond biscuité et enfournez. Au bout de 15 minutes de cuisson, baissez la température du four à 120 °C (th. 4) et laissez cuire encore 50 minutes.

• Laissez refroidir dans le four éteint, puis nappez du reste de Nutella®, chauffé juste assez pour être fluidifié. Saupoudrez enfin des noisettes concassées. Réservez 24 heures au réfrigérateur avant de servir.

Cheesecake à la crème de whisky

Pour 8 personnes

Préparation : 30 min

Cuisson : 1 h 10

Réfrigération : 20 min + 24 h

400 g de Philadelphia®

250 g de crème fraîche épaisse

60 g de beurre fondu

4 œufs

220 g de biscuits shortbread

140 g de sucre en poudre

30 g de cassonade

3 cuill. à soupe de crème de whisky (Baileys®)

Pour la sauce butterscotch

12 cl de crème liquide

50 g de beurre

125 g de cassonade

2 cuill. à soupe de crème de whisky

2 cuill. à soupe de miel

1 pincée de sel

- Réduisez les biscuits shortbread en miettes, incorporez-leur la cassonade et le beurre fondu. Pressez contre le fond et les parois d'un moule à charnière à bord haut, de 23 cm de diamètre environ. Réservez 20 minutes au réfrigérateur.
- Pendant ce temps, préchauffez le four à 160 °C (th. 5-6). Dans une jatte, fouettez le Philadelphia® avec le sucre en poudre pour obtenir une préparation bien lisse. Incorporez la crème de whisky, puis la crème fraîche et les œufs, un à un, en fouettant bien.
- Versez cette préparation sur le fond biscuité, puis enfournez. Au bout de 15 minutes de cuisson, baissez la température du four à 120 °C (th. 4) et laissez cuire encore 50 minutes. Laissez refroidir dans le four éteint, puis réservez 24 heures au réfrigérateur.
- Préparez la sauce butterscotch : mélangez tous les ingrédients, sauf la crème, dans une petite casserole. Portez à frémissements et laissez cuire 5 minutes environ : la préparation doit commencer à épaissir, sans brunir. Hors du feu, incorporez la crème et faites à nouveau chauffer 2 minutes à feu doux. Servez le cheesecake en belles parts, nappées d'un cordon de cette sauce, encore tiède.

Cheesecake ardéchois

Pour 8 personnes
Préparation : 20 min
Cuisson : 1 h 05
Réfrigération : 20 min + 24 h

- 300 g de mascarpone
- 500 g de yaourt brassé
- 50 g de beurre fondu
- 4 œufs
- 250 g de crème de marron
- 150 g de brisures de marrons glacés
- 200 g de petits-beurre
- 90 g de sucre en poudre
- 1 cuill. à soupe de farine

Pour le décor

- 8 marrons glacés

• Réduisez les petits-beurre en miettes, puis incorporez-leur le beurre fondu. Mélangez pour obtenir une pâte homogène, pressez-la contre le fond d'un moule à charnière à bord haut, de 23 cm de diamètre environ. Réservez 20 minutes au réfrigérateur.

• Pendant ce temps, préchauffez le four à 160 °C (th. 5-6). Dans une jatte, fouettez le mascarpone avec le sucre en poudre pour obtenir une préparation bien lisse. Incorporez la crème de marron, le yaourt brassé, puis les œufs, un à un. Incorporez enfin la farine, en fouettant bien.

• Répartissez les brisures de marrons glacés sur le fond biscuité, puis versez la préparation par-dessus et enfournez. Au bout de 15 minutes de cuisson, baissez la température du four à 120 °C (th. 4) et laissez cuire encore 50 minutes. Laissez refroidir dans le four éteint, puis réservez 24 heures au réfrigérateur.

• Servez le cheesecake coupé en belles parts, chacune décorée d'un marron glacé.

Petit + *Si vous voulez peaufiner la présentation, « coller » les marrons glacés sur les parts avec une tombée de crème de marron.*

Cheesecake aux deux chocolats

Pour 8 personnes
Préparation : 20 min
Cuisson : 1 h 10
Réfrigération : 20 min + 24 h

- 500 g de Philadelphia®
- 250 g de crème fraîche épaisse
- 60 g de beurre ramolli
- 4 œufs
- 100 g de chocolat noir
- 120 g de chocolat blanc
- 140 g de sucre en poudre
- 125 g de farine + 1 cuill. à soupe

Pour le décor

- Copeaux de chocolat blanc
- Copeaux de chocolat noir

• Du bout des doigts, travaillez le beurre avec 125 g de farine et 40 g de sucre en poudre, puis poudrez ce mélange entre vos paumes. Pressez cette pâte sablée contre le fond et les parois d'un moule à charnière à bord haut, de 23 cm de diamètre environ. Réservez 20 minutes au réfrigérateur.

• Pendant ce temps, faites fondre séparément le chocolat noir et le chocolat blanc, puis laissez-les tiédir.

• Fouettez le Philadelphia® avec le reste de sucre en poudre pour obtenir une préparation bien lisse. Incorporez la crème fraîche, puis les œufs, un à un. Ajoutez 1 cuillerée à soupe de farine, en fouettant bien.

• Divisez cette préparation en deux et incorporez le chocolat noir à l'une, le chocolat blanc à l'autre. Versez d'abord la pâte au chocolat noir sur le fond biscuité, puis celle au chocolat blanc, sans les mélanger. Enfournez. Au bout de 15 minutes de cuisson, baissez la température du four à 120 °C (th. 4) et laissez cuire encore 50 minutes. Laissez refroidir dans le four éteint, puis réservez 24 heures au réfrigérateur.

• Juste avant de servir, décorez de copeaux de chocolats blanc et noir, joliment mêlés.

Cheesecake au café

Pour 8 personnes

Préparation : 25 min

Cuisson : 1 h 10

Réfrigération : 20 min + 24 h

400 g de Philadelphia®

10 cl de café très fort

1 cuill. à soupe de lait

250 g de crème fraîche épaisse

70 g de beurre fondu

4 œufs

180 g de chocolat noir

250 g de spéculoos

140 g de sucre en poudre

1 cuill. à soupe de farine

2 cuill. à soupe de liqueur de café (Kahlúa®)

• Réduisez les spéculoos en miettes, incorporez-leur le beurre fondu et 1 cuillerée à soupe de café. Pressez contre le fond et les parois d'un moule à charnière à bord haut, de 23 cm de diamètre environ. Réservez 20 minutes au réfrigérateur.

• Pendant ce temps, préchauffez le four à 160 °C (th. 5-6). Dans une jatte, fouettez le Philadelphia® avec le sucre en poudre pour obtenir une préparation bien lisse. Incorporez le reste de café, puis 1 cuillerée à soupe de liqueur de café, la crème fraîche et les œufs, un à un. Ajoutez enfin la farine, en fouettant bien.

• Versez cette préparation sur le fond biscuité, puis enfournez. Au bout de 15 minutes de cuisson, baissez la température du four à 120 °C (th. 4) et laissez cuire encore 50 minutes. Laissez refroidir dans le four éteint.

• Faites fondre le chocolat noir avec le lait et 1 cuillerée à soupe de liqueur de café, nappez-en le cheesecake refroidi et lissez la surface à la spatule. Réservez 24 heures au réfrigérateur avant de servir.

Cheesecake rhum-raisins

Pour 8 personnes
Préparation : 30 min
Cuisson : 1 h 10
Macération : 30 min
Réfrigération : 20 min + 24 h

400 g de Philadelphia®
300 g de ricotta
50 g de beurre fondu
4 œufs
180 g de raisins secs
200 g de spéculoos
130 g de sucre en poudre
1 cuill. à soupe de farine
1 cuill. à café de cannelle moulue
5 cl de rhum brun

Pour le décor

10 cl de crème liquide
125 g de sucre en poudre

• Mettez les raisins secs dans un bol, ajoutez 5 cl d'eau bouillante et le rhum. Laissez gonfler 30 minutes.

• Pendant ce temps, réduisez les spéculoos en miettes, incorporez-leur la cannelle et le beurre fondu. Pressez contre le fond d'un moule à charnière à bord haut, de 23 cm de diamètre environ. Réservez 20 minutes au réfrigérateur.

• Préchauffez le four à 160 °C (th. 5-6). Dans une jatte, fouettez le Philadelphia® avec la ricotta et le sucre en poudre pour obtenir une préparation bien lisse. Incorporez les œufs, un à un, en fouettant bien.

• Poudrez de farine les raisins macérés (réservez-en 2 cuillerées à soupe pour la finition), mélangez délicatement, puis versez dans la préparation et mélangez à la spatule. Versez sur le fond biscuité, puis enfournez. Au bout de 15 minutes de cuisson, baissez la température du four à 120 °C (th. 4) et laissez cuire encore 50 minutes. Laissez refroidir dans le four éteint, puis réservez 24 heures au réfrigérateur.

• Pour la finition, préparez un caramel ambré avec le sucre et 5 cl d'eau. Hors du feu, décuisez avec la crème liquide (attention, ça bouillonne !), puis remettez sur le feu et laissez frémir encore 2 minutes. Ajoutez les raisins gonflés réservés et laissez tiédir. Servez le cheesecake en belles parts, nappées du caramel laitier aux raisins secs.

Cheesecake à l'orange, miroir chocolat

Pour 8 personnes
Préparation : 20 min
Cuisson : 1 h 10
Réfrigération : 20 min + 24 h

- 1 belle orange non traitée
- 450 g de St Môret®
- 200 g de mascarpone
- 5 cl de crème liquide
- 1 yaourt brassé
- 100 g de beurre fondu
- 4 œufs
- 180 g de chocolat noir
- 250 g de biscuits Petit Brun®
- 2 cuill. à soupe de cacao amer en poudre
- 150 g de sucre en poudre
- 1 ½ cuill. à soupe de farine

• Réduisez les biscuits Petit Brun® en miettes, incorporez-leur le cacao et le beurre fondu. Pressez contre le fond et les parois d'un moule à charnière à bord haut, de 23 cm de diamètre environ. Réservez 20 minutes au réfrigérateur.

• Pendant ce temps, préchauffez le four à 160 °C (th. 5-6). Râpez finement le zeste de l'orange, puis pressez-la pour recueillir son jus.

• Dans une jatte, fouettez le St Môret® avec le mascarpone et le sucre pour obtenir une préparation bien lisse. Incorporez le zeste, le yaourt, puis les œufs, un à un. Incorporez les deux tiers du jus d'orange et enfin la farine, en fouettant bien.

• Versez cette préparation sur le fond biscuité, puis enfournez. Au bout de 15 minutes de cuisson, baissez la température du four à 120 °C (th. 4) et laissez cuire encore 50 minutes. Laissez refroidir dans le four éteint.

• Pendant ce temps, faites fondre le chocolat noir avec la crème liquide et le reste de jus d'orange, fouettez vigoureusement pour lisser, puis laissez tiédir. Versez sur le cheesecake et lissez la surface à la spatule. Réservez 24 heures au réfrigérateur avant de servir.

Cheesecake à la mangue

Pour 8 personnes

Préparation : 20 min

Cuisson : 1 h 10

Réfrigération : 20 min + 24 h

1 belle mangue

400 g de Philadelphia®

400 g de fromage blanc

70 g de beurre fondu

4 œufs

1 cuill. à soupe de jus de citron

200 g de spéculoos

130 g de sucre en poudre

1 ½ cuill. à soupe de farine

3 feuilles de gélatine

• Réduisez les spéculoos en miettes et incorporez-leur le beurre fondu. Pressez contre le fond d'un moule à charnière à bord haut, de 23 cm de diamètre environ. Réservez 20 minutes au réfrigérateur.

• Pendant ce temps, préchauffez le four à 160 °C (th. 5-6). Dans une jatte, fouettez le Philadelphia® avec le sucre en poudre pour obtenir une préparation bien lisse. Incorporez le fromage blanc, puis les œufs, un à un. Incorporez enfin la farine, en fouettant bien.

• Pelez la mangue, dénoyautez-la et coupez la moitié de la chair en cubes. Répartissez-la sur le fond biscuité, puis versez la préparation par-dessus et enfournez. Au bout de 15 minutes de cuisson, baissez la température du four à 120 °C (th. 4) et laissez cuire encore 50 minutes. Laissez refroidir dans le four éteint.

• Pour la finition, faites tremper la gélatine dans un bol d'eau froide. Mixez le reste de mangue avec le jus de citron et 5 cl d'eau, puis versez dans une casserole et portez à frémissements. Ajoutez la gélatine essorée et mélangez délicatement. Laissez tiédir, puis versez sur le cheesecake et lissez la surface à la spatule. Réservez 24 heures au réfrigérateur avant de servir.

Cheesecake aux framboises

Pour 8 personnes

Préparation : 20 min

Cuisson : 1 h 05

Réfrigération : 20 min + 24 h

250 g de framboises + quelques-unes pour le décor

450 g de St Môret®

200 g de mascarpone

1 yaourt brassé

70 g de beurre fondu

4 œufs

50 cl de coulis de framboises

200 g de biscuits Thé®

150 g de sucre en poudre

1 ½ cuill. à soupe de farine

1 cuill. à café de cannelle moulue

• Réduisez les biscuits Thé® en miettes, puis incorporez-leur la cannelle et le beurre fondu. Mélangez pour obtenir une pâte homogène. Pressez-la contre le fond d'un moule à charnière à bord haut, de 23 cm de diamètre environ. Réservez 20 minutes au réfrigérateur.

• Pendant ce temps, préchauffez le four à 160 °C (th. 5-6). Dans une jatte, fouettez le St Môret® avec le mascarpone et le sucre en poudre pour obtenir une préparation bien lisse. Incorporez le yaourt, puis les œufs, un à un. Incorporez la moitié du coulis de framboises et enfin la farine, en fouettant bien.

• Disposez les framboises sur le fond biscuité, puis recouvrez avec la préparation et enfournez. Au bout de 15 minutes de cuisson, baissez la température du four à 120 °C (th. 4) et laissez cuire encore 50 minutes. Laissez refroidir dans le four éteint, puis réservez 24 heures au réfrigérateur.

• Servez en belles parts, nappées du reste de coulis de framboises bien frais, en un joli motif rayé, et décorées de framboises.

Cheesecake banane-ananas

Pour 8 personnes

Préparation : 30 min

Cuisson : 1 h 20

Réfrigération : 20 min + 24 h

1 petit ananas Victoria

2 bananes

450 g de Carré Frais®

250 g de mascarpone

10 cl de lait

90 g de beurre

4 œufs

Le zeste râpé de 1 citron vert non traité

150 g de chocolat au lait

200 g de spéculoos

150 g de sucre en poudre

2 cuill. à soupe de cassonade

1 cuill. à soupe de farine

• Réduisez les spéculoos en miettes, incorporez-leur 70 g de beurre fondu. Pressez contre le fond d'un moule à charnière à bord haut, de 23 cm de diamètre environ. Réservez 20 minutes au réfrigérateur.

• Pendant ce temps, pelez l'ananas, coupez-le en quatre et détaillez-le en cubes. Faites-les revenir dans une poêle avec le reste de beurre, à feu moyen. Puis poudrez-les de cassonade et laissez légèrement caraméliser, en remuant régulièrement. Retirez du feu.

• Dans une jatte, fouettez le mascarpone avec le sucre en poudre et le zeste pour obtenir une préparation bien lisse. Écrasez les bananes à la fourchette, incorporez-les, puis faites de même avec le Carré Frais® et les œufs, un à un. Incorporez enfin la farine, en fouettant bien.

• Déposez les cubes d'ananas sur le fond biscuité, puis recouvrez de la préparation au fromage frais et enfournez. Au bout de 15 minutes de cuisson, baissez la température du four à 120 °C (th. 4) et laissez cuire encore 50 minutes. Laissez refroidir dans le four éteint, puis placez 24 heures au réfrigérateur.

• Cassez le chocolat au lait en morceaux, mettez-les dans une casserole avec le lait. Portez à frémissements, mélangez pour bien lisser. Laissez tiédir. Servez le cheesecake généreusement nappé de cette sauce au chocolat au lait tiède.

Petits cheesecakes au combava

Pour 6 personnes
Préparation : 20 min
Cuisson : 45 min
Réfrigération : 20 min + 24 h

2 combavas
450 g de Philadelphia®
250 g de mascarpone
100 g de fromage blanc
50 g de beurre fondu
4 œufs
200 g de petits-beurre
170 g de sucre en poudre
1 cuill. à soupe de farine

Pour le décor

Zestes de citron vert confits

- Réduisez les petits-beurre en miettes, puis incorporez-leur le beurre fondu. Mélangez pour obtenir une pâte homogène, pressez-la contre le fond de 6 petits moules à charnière individuels. Réservez 20 minutes au réfrigérateur.
- Pendant ce temps, préchauffez le four à 160 °C (th. 5-6). Dans une jatte, fouettez le Philadelphia® avec le mascarpone et le sucre en poudre pour obtenir une préparation bien lisse. Incorporez le fromage blanc, puis les œufs, un à un. Ajoutez la farine, fouettez bien.
- Pressez les combavas pour recueillir leur jus, puis incorporez-le. Versez cette préparation sur les fonds biscuités et enfournez. Au bout de 15 minutes de cuisson, baissez la température du four à 120 °C (th. 4) et laissez cuire encore 30 minutes. Laissez refroidir dans le four éteint, puis réservez 24 heures au réfrigérateur.
- Servez décoré de zestes de citron vert confits.

Petit + *Le combava est un agrume venu d'Asie. Vous pouvez le remplacer par du citron vert.*

Cheesecake aux fruits de la Passion

Pour 8 personnes
Préparation : 25 min
Cuisson : 1 h 05
Réfrigération : 20 min + 24 h

- 10 fruits de la Passion
- 400 g de Philadelphia®
- 400 g de fromage blanc
- 70 g de beurre fondu
- 4 œufs
- 1 cuill. à soupe de jus de citron vert
- 250 g de petits-beurre
- 130 g de sucre en poudre
- 1 ½ cuill. à soupe de farine
- 1 sachet de sucre vanillé

• Réduisez les petits-beurre en miettes, puis incorporez-leur le sucre vanillé et le beurre fondu. Mélangez pour obtenir une pâte homogène, pressez-la contre le fond et les parois d'un moule à charnière à bord haut, de 23 cm de diamètre environ. Réservez 20 minutes au réfrigérateur.

• Pendant ce temps, préchauffez le four à 160 °C (th. 5-6). Dans une jatte, fouettez le Philadelphia® avec le sucre en poudre pour obtenir une préparation bien lisse. Incorporez le fromage blanc, puis les œufs, un à un. Incorporez la farine, en fouettant bien.

• Coupez 6 fruits de la Passion en deux, prélevez leur chair et passez-la au chinois pour éliminer les graines. Incorporez cette pulpe à la préparation, ainsi que le jus de citron vert.

• Versez le tout sur le fond biscuité et enfournez. Au bout de 15 minutes de cuisson, baissez la température du four à 120 °C (th. 4) et laissez cuire encore 50 minutes. Laissez refroidir dans le four éteint, puis réservez 24 heures au réfrigérateur.

• Coupez en 8 parts et nappez chacune d'elles du contenu d'un demi-fruit de la Passion avant de servir.

Petit + *Pour la préparation du cheesecake, mieux vaut utiliser la pulpe tamisée, pour en ôter les graines. Mais pour la finition, celles-ci apportent une agréable touche de croquant.*

Cheesecake normand

Pour 8 personnes

Préparation : 20 min

Cuisson : 1 h 20

Réfrigération : 20 min + 24 h

3 pommes reinettes du Canada

150 g de gelée de pomme

600 g de Philadelphia®

250 g de crème fraîche

50 g de beurre fondu

40 g de beurre demi-sel

4 œufs

200 g de petits-beurre

130 g de sucre en poudre

1 ½ cuill. à soupe de farine

2 cuill. à soupe de calva

Pour le décor

Un peu de crème fraîche épaisse

• Réduisez les petits-beurre en miettes, puis incorporez-leur le beurre fondu. Mélangez pour obtenir une pâte homogène, pressez-la contre le fond d'un moule à charnière à bord haut, de 23 cm de diamètre environ. Réservez 20 minutes au réfrigérateur.

• Pendant ce temps, préchauffez le four à 160 °C (th. 5-6). Pelez et épépinez les pommes, puis coupez-les en gros quartiers. Faites-les revenir dans une poêle avec le beurre demi-sel, 5 minutes de chaque côté.

• Dans une jatte, fouettez le Philadelphia® avec le sucre en poudre pour obtenir une préparation bien lisse. Incorporez la crème fraîche, puis les œufs, un à un. Incorporez la farine, en fouettant bien, puis le calva.

• Disposez les quartiers de pommes sur le fond biscuité, recouvrez de la préparation et enfournez. Au bout de 15 minutes de cuisson, baissez la température du four à 120 °C (th. 4) et laissez cuire encore 50 minutes. Laissez refroidir dans le four éteint.

• Faites fondre la gelée de pomme à feu doux dans une petite casserole, puis versez-la sur le cheesecake et lissez la surface à la spatule. Réservez 24 heures au réfrigérateur.

• Coupez en 8 parts et servez chacune d'elles avec une tombée de crème fraîche bien épaisse.

Cheesecake orange-sirop d'érable

Pour 8 personnes

Préparation : 30 min

Cuisson : 1 h 05

Réfrigération : 20 min + 24 h

4 oranges à couteau

15 cl de sirop d'érable + un peu pour le décor

600 g de Philadelphia®

2 yaourts brassés

70 g de beurre fondu

4 œufs

200 g de biscuits Thé®

1 ½ cuill. à soupe de farine

1 cuill. à café de cannelle moulue

• Réduisez les biscuits Thé® en miettes, puis incorporez-leur la cannelle et le beurre fondu. Mélangez pour obtenir une pâte homogène. Pressez-la contre le fond d'un moule à charnière à bord haut, de 23 cm de diamètre environ. Réservez 20 minutes au réfrigérateur.

• Pendant ce temps, préchauffez le four à 160 °C (th. 5-6). Dans une jatte, fouettez le Philadelphia® avec le sirop d'érable pour obtenir une préparation bien lisse. Incorporez les yaourts, puis les œufs, un à un. Incorporez enfin la farine, en fouettant bien.

• Pelez les oranges à vif, puis séparez délicatement les quartiers en passant une lame le long des peaux blanches, en procédant au-dessus d'une jatte pour récupérer le jus qui s'écoule. Incorporez le jus à la préparation fromagère.

• Disposez les quartiers d'oranges sur le fond biscuité, puis recouvrez avec la préparation. Enfournez. Au bout de 15 minutes de cuisson, baissez la température du four à 120 °C (th. 4) et laissez cuire encore 50 minutes. Laissez refroidir dans le four éteint, puis réservez 24 heures au réfrigérateur.

• Servez en belles parts, nappées d'un cordon de sirop d'érable.

Cheesecake litchis-framboises

Pour 8 personnes
Préparation : 40 min
Cuisson : 50 min
Réfrigération : 20 min + 16 h

Pour la pâte

60 g de beurre ramolli
40 g de sucre en poudre
125 g de farine
1 pincée de sel

Pour la couche framboises

20 cl de coulis de framboises
300 g de Philadelphia®
2 œufs
80 g de sucre en poudre
½ cuill. à soupe de farine

Pour la finition

150 g de Philadelphia®
10 cl de crème liquide
150 g de litchis au sirop, égouttés
150 g de confiture de framboises
1 cuill. à soupe de sucre glace
2 feuilles de gélatine

• Travaillez le beurre avec la farine, le sucre et le sel. Pressez cette pâte sablée contre le fond et les parois d'un moule à charnière à bord haut, de 23 cm de diamètre environ. Réservez 20 minutes au réfrigérateur.

• Pour la couche framboises, préchauffez le four à 120 °C (th. 4). Fouettez le Philadelphia® avec le sucre en poudre pour obtenir une préparation bien lisse. Incorporez le coulis de framboises, puis les œufs, un à un, et enfin la farine, en fouettant bien. Versez sur le fond biscuité et enfournez pour 50 minutes. Laissez refroidir dans le four éteint.

• Pour la finition, faites tremper la gélatine dans un bol d'eau froide. Faites chauffer la crème liquide, ajoutez-y la gélatine essorée et mélangez pour la faire dissoudre. Laissez tiédir. Travaillez le Philadelphia® avec le sucre glace, puis incorporez la crème.

• Émincez les litchis, puis épongez-les bien et répartissez-les sur la couche framboises. Recouvrez avec la préparation fromagère et placez 4 heures au réfrigérateur. Nappez de confiture de framboises, lissez la surface à la spatule et réservez au réfrigérateur jusqu'au lendemain.

Cheesecake aux poires et à la fève tonka

Pour 8 personnes
Préparation : 35 min
Cuisson : 1 h 15
Réfrigération : 20 min + 24 h

1 fève tonka
400 g de poires au sirop
400 g de St Môret®
350 g de fromage blanc
70 g de beurre fondu
4 œufs
200 g de spéculoos
110 g de sucre en poudre
1 cuill. à soupe de farine

Pour le caramel de poire

20 cl de jus de poire
100 g de sucre en poudre

- Réduisez les spéculoos en miettes, incorporez-leur le beurre fondu. Pressez contre le fond d'un moule à charnière à bord haut, de 23 cm de diamètre environ. Réservez 20 minutes au réfrigérateur.
- Préchauffez le four à 160 °C (th. 5-6). Dans une jatte, fouettez le St Môret® avec le sucre en poudre pour obtenir une préparation bien lisse. Râpez finement la fève tonka au-dessus de la jatte, puis incorporez le fromage blanc. Ajoutez ensuite les œufs, un à un, et enfin la farine, en fouettant bien.
- Égouttez les poires au sirop, taillez-les en quartiers et répartissez-les sur le fond biscuité, puis recouvrez-les de la préparation fromagère et enfournez. Au bout de 15 minutes de cuisson, baissez la température du four à 120 °C (th. 4) et laissez cuire encore 50 minutes. Laissez refroidir dans le four éteint, puis réservez 24 heures au réfrigérateur.
- Préparez un caramel de poire : versez le jus de poire dans une casserole, ajoutez le sucre en poudre et portez à frémissements. Laissez cuire jusqu'à obtenir un caramel ambré, puis retirez du feu et décuisez avec 5 cl d'eau bouillante. Remettez à feu doux 2 minutes et laissez refroidir.
- Servez le cheesecake nappé d'un cordon de ce caramel.

Cheesecake aux fraises et au thé matcha

Pour 8 personnes
Préparation : 25 min
Cuisson : 1 h 05
Réfrigération : 20 min + 24 h

250 g de fraises gariguettes
400 g de Philadelphia®
350 g de ricotta
70 g de beurre fondu
4 œufs
250 g de petits-beurre
80 g de sucre en poudre
1 cuill. à soupe de thé vert matcha + un peu pour le décor

Pour le décor

10 cl de coulis de fraises

• Réduisez les petits-beurre en miettes, puis incorporez-leur le beurre fondu. Mélangez pour obtenir une pâte homogène, pressez-la contre le fond et les parois d'un moule à charnière à bord haut, de 23 cm de diamètre environ. Réservez 20 minutes au réfrigérateur.

• Dans une jatte, fouettez le Philadelphia® avec la ricotta pour les assouplir. À part, mélangez le thé matcha avec le sucre en poudre, puis délayez dans 2 cuillerées à soupe d'eau chaude (vous éviterez ainsi tout grumeau). Versez dans la préparation et mélangez délicatement. Incorporez les œufs, un à un.

• Disposez les fraises équeutées sur le fond biscuité (réservez-en 8 pour le décor), recouvrez de la préparation et enfournez. Au bout de 15 minutes de cuisson, baissez la température du four à 120 °C (th. 4) et laissez cuire encore 50 minutes. Laissez refroidir dans le four éteint, puis réservez 24 heures au réfrigérateur.

• Servez en belles parts, nappées d'un cordon de coulis de fraises, décorées d'une fraise et saupoudrées d'une pincée de thé vert matcha.

Cheesecake en rose et jaune

Pour 8 personnes

Préparation : 25 min

Cuisson : 1 h 05

Réfrigération : 20 min + 24 h

- 150 g de framboises fraîches
- 450 g de Philadelphia®
- 200 g de mascarpone
- 4 œufs
- 5 cl de coulis de framboises
- 200 g de lemon curd
- 220 g de biscuits roses de Reims
- 110 g de sucre en poudre
- 1 cuill. à soupe de farine
- 2 cuill. à soupe de sirop de sucre de canne
- 1 feuille de gélatine

• Mixez les biscuits roses de Reims avec le coulis de framboises et le sirop de sucre de canne, puis pressez cette préparation contre le fond et les parois d'un moule à charnière à bord haut, de 23 cm de diamètre environ. Réservez 20 minutes au réfrigérateur.

• Pendant ce temps, préchauffez le four à 160 °C (th. 5-6). Dans une jatte, fouettez le Philadelphia® avec le mascarpone et le sucre pour obtenir une préparation bien lisse. Ajoutez les framboises et mélangez vigoureusement, puis incorporez les œufs, un à un. Incorporez enfin la farine, en fouettant bien.

• Versez cette préparation fromagère sur le fond biscuité, puis enfournez. Au bout de 15 minutes de cuisson, baissez la température du four à 120 °C (th. 4) et laissez cuire encore 50 minutes. Laissez refroidir dans le four éteint.

• Pendant ce temps, faites tremper la gélatine dans un bol d'eau froide. Faites légèrement chauffer le lemon curd, ajoutez la gélatine essorée et mélangez. Laissez tiédir, puis nappez-en le cheesecake et lissez la surface à la spatule. Réservez 24 heures au réfrigérateur avant de servir.

Cheesecake bananes-myrtilles

Pour 8 personnes
Préparation : 25 min
Cuisson : 1 h 05
Réfrigération : 20 min + 24 h

- 400 g de myrtilles fraîches ou surgelées
- 2 bananes
- 400 g de Philadelphia®
- 300 g de fromage blanc
- 70 g de beurre fondu
- 4 œufs
- Le zeste finement râpé de 1 citron non traité
- 250 g de petits-beurre
- 120 g de sucre en poudre
- 1 cuill. à soupe de farine

• Réduisez les petits-beurre en miettes, puis incorporez-leur le beurre fondu et le zeste de citron. Mélangez pour obtenir une pâte homogène, pressez cette préparation contre le fond et les parois d'un moule à charnière à bord haut, de 23 cm de diamètre environ. Réservez 20 minutes au réfrigérateur.

• Pendant ce temps, fouettez le Philadelphia® avec le sucre pour obtenir une préparation bien lisse. Écrasez les bananes à la fourchette, incorporez-les, ainsi que la moitié des myrtilles. Incorporez le fromage blanc et les œufs, un à un. Ajoutez enfin la farine, en fouettant bien.

• Versez cette préparation sur le fond biscuité, puis enfournez. Au bout de 15 minutes de cuisson, baissez la température du four à 120 °C (th. 4) et laissez cuire encore 50 minutes. Laissez refroidir dans le four éteint.

• Recouvrez du reste des myrtilles, puis réservez au moins 24 heures au réfrigérateur avant de servir.

Cheesecake passionnément coco

Pour 8 personnes
Préparation : 20 min
Cuisson : 1 h 05
Réfrigération : 20 min + 24 h

500 g de Philadelphia®
20 cl de lait de coco
200 g de noix de coco râpée + 150 g pour le décor
50 g de beurre fondu
4 œufs
200 g de biscuits à la noix de coco
160 g de sucre en poudre

- Réduisez les biscuits à la noix de coco en miettes, incorporez-leur le beurre fondu. Pressez contre le fond d'un moule à charnière à bord haut, de 23 cm de diamètre environ. Réservez 20 minutes au réfrigérateur.
- Pendant ce temps, préchauffez le four à 160 °C (th. 5-6). Dans une jatte, fouettez le Philadelphia® avec le sucre en poudre pour obtenir une préparation bien lisse. Incorporez le lait de coco et la noix de coco râpée, puis les œufs, un à un.
- Versez sur le fond biscuité, puis enfournez. Au bout de 15 minutes de cuisson, baissez la température du four à 120 °C (th. 4) et laissez cuire encore 50 minutes. Laissez refroidir dans le four éteint.
- Saupoudrez d'une jolie couche de noix de coco râpée, puis réservez 24 heures au réfrigérateur avant de servir.

Petit + *Pour corser la saveur, utilisez une noix de coco fraîche : cassez-la, puis décollez la pulpe, ôtez la fine peau noire et râpez-la grossièrement avec une mandoline.*

Cheesecakes aux noix et au fromage de chèvre

Pour 6 personnes
Préparation : 20 min
Cuisson : 5 min
Réfrigération : 4 h

350 g de fromage de chèvre frais

15 cl de crème liquide

100 g de cerneaux de noix concassés

200 g de biscuits Tuc®

2 cuill. à soupe de persil plat ciselé

3 feuilles de gélatine

Sel, poivre du moulin

• Émiettez grossièrement les biscuits Tuc®, puis mélangez-les avec 3 cuillerées à soupe de fromage de chèvre frais. Tassez cette préparation au fond de 6 cercles à bord haut individuels.

• Faites tremper la gélatine dans un bol d'eau froide. Faites chauffer la crème liquide dans une petite casserole, ajoutez-y la gélatine essorée et mélangez pour la faire dissoudre. Laissez tiédir.

• Travaillez le reste de fromage de chèvre frais à la spatule, puis incorporez la crème. Ajoutez les cerneaux de noix et le persil plat, mélangez délicatement, puis rectifiez l'assaisonnement.

• Répartissez dans les cercles et réservez au réfrigérateur au moins 4 heures. Pour servir, déposez dans les assiettes de service, passez une pointe de couteau le long des parois des cercles, puis ôtez ceux-ci délicatement.

Petit + *Servez ces cheesecakes bien frais, sur une salade de roquette, relevée d'une fine pointe d'ail et agrémentée de quelques cerneaux de noix.*

Petits cheesecakes au saumon fumé

Pour 8 personnes
Préparation : 20 min
Cuisson : 45 min
Réfrigération : 20 min + 24 h

200 g de saumon fumé
450 g de Philadelphia®
1 citron non traité
200 g de crème fraîche
100 g de beurre fondu
3 œufs
200 g de biscuits Tuc®
1 gros bouquet d'aneth
Sel, poivre

• Réduisez les biscuits Tuc® en miettes, incorporez-leur le beurre fondu. Pressez contre le fond de 8 petits moules à charnière à bord haut individuels. Réservez 20 minutes au réfrigérateur.

• Pendant ce temps, préchauffez le four à 130 °C (th. 4-5). Râpez finement le zeste du citron, puis pressez-le pour recueillir son jus. Dans une jatte, fouettez le Philadelphia® avec la crème fraîche, puis incorporez le zeste et le jus de citron. Ajoutez les œufs un à un, salez et poivrez.

• Réservez quelques brins d'aneth pour la finition, puis ciselez finement le reste et incorporez-le. Taillez le saumon fumé en lanières, réservez-en quelques-unes et incorporez le reste.

• Versez cette préparation sur les fonds biscuités et enfournez pour 45 minutes. Laissez refroidir dans le four éteint, puis réservez au réfrigérateur 24 heures avant de servir, décoré d'aneth et des lanières de saumon fumé réservées.

Petit + *Accompagnez ces cheesecakes d'une crème fouettée non sucrée, éventuellement agrémentée d'une pointe de zeste de citron.*

Cheesecake salé comme en Toscane

Pour 6 personnes
Préparation : 25 min
Cuisson : 5 min
Réfrigération : 4 h

- 450 g de ricotta
- 15 cl de crème liquide
- 10 tomates séchées marinées à l'huile d'olive
- 200 g de pignons de pin
- 3 cuill. à soupe de basilic frais ciselé
- 3 feuilles de gélatine
- Sel, poivre blanc

• Faites griller à sec les pignons de pin 2 minutes dans une poêle antiadhésive, puis laissez-les refroidir. Mixez-les quelques secondes, puis mélangez-les avec 3 cuillerées à soupe de ricotta pour former une pâte grossière. Tassez-la avec le fond d'un verre contre le fond d'un moule à charnière à bord haut, de 23 cm de diamètre environ.

• Faites tremper la gélatine dans un bol d'eau froide. Faites chauffer la crème liquide dans une petite casserole, ajoutez-y la gélatine essorée et mélangez pour la faire dissoudre. Laissez tiédir.

• Travaillez le reste de ricotta avec 2 cuillerées à soupe de l'huile des tomates séchées, pour la détendre, puis incorporez la crème. Émincez les tomates séchées et incorporez-les, de même que le basilic. Poivrez, salez si nécessaire.

• Versez sur le fond de pâte et placez au réfrigérateur au moins 4 heures. Servez éventuellement avec une salade de tomates cerises assaisonnée au vinaigre balsamique et à l'huile d'olive.

Photos : Anthony Lanneretonne
Stylisme : Carine Zurbach

Direction éditoriale : Corinne Cesano
Edition : Delphine Depras & Delphine Aslan
Direction artistique : Vu Thi
Graphisme et suivi artistique : Julia Philipps
Mise en page : APS/Chromostyle
Photogravure : APS/Chromostyle
Fabrication : Laurence Ledru-Dubosq

ISBN : 978-2-263-06098-4
Code éditeur : S06098/03
Dépôt légal : août 2013
Imprimé en France par Loire Offset Titoulet

Solar | un département **place des éditeurs**

place des éditeurs